Guest Name _____ Inspiration For The Newlyweds _____

Contact Info _____

Guest Name _____ Inspiration For The Newlyweds _____

Contact Info _____

Guest Name _____ Inspiration For The Newlyweds _____

Contact Info _____

Guest Name _____

Contact Info _____

Inspiration For The Newlyweds _____

Guest Name _____

Contact Info _____

Inspiration For The Newlyweds _____

Guest Name _____

Contact Info _____

Inspiration For The Newlyweds _____

Guest Name _____ Inspiration For The Newlyweds _____
_____ _____
_____ _____
_____ _____
Contact Info _____ _____
_____ _____
_____ _____

Guest Name _____ Inspiration For The Newlyweds _____
_____ _____
_____ _____
_____ _____
Contact Info _____ _____
_____ _____
_____ _____

Guest Name _____ Inspiration For The Newlyweds _____
_____ _____
_____ _____
_____ _____
Contact Info _____ _____
_____ _____
_____ _____

Guest Name _____

Contact Info _____

Inspiration For The Newlyweds _____

Guest Name _____

Contact Info _____

Inspiration For The Newlyweds _____

Guest Name _____

Contact Info _____

Inspiration For The Newlyweds _____

Guest Name _____ Inspiration For The Newlyweds _____
_____ _____
_____ _____
_____ _____
Contact Info _____ _____
_____ _____
_____ _____

Guest Name _____ Inspiration For The Newlyweds _____
_____ _____
_____ _____
_____ _____
Contact Info _____ _____
_____ _____
_____ _____

Guest Name _____ Inspiration For The Newlyweds _____
_____ _____
_____ _____
_____ _____
Contact Info _____ _____
_____ _____
_____ _____

Guest Name _____

Contact Info _____

Inspiration For The Newlyweds _____

Guest Name _____

Contact Info _____

Inspiration For The Newlyweds _____

Guest Name _____

Contact Info _____

Inspiration For The Newlyweds _____

Guest Name _____ Inspiration For The Newlyweds _____
_____   _____
_____   _____
Contact Info _____ _____
_____   _____
_____   _____

Guest Name _____ Inspiration For The Newlyweds _____
_____   _____
_____   _____
Contact Info _____ _____
_____   _____
_____   _____

Guest Name _____ Inspiration For The Newlyweds _____
_____   _____
_____   _____
Contact Info _____ _____
_____   _____
_____   _____

Guest Name _____

Contact Info _____

Inspiration For The Newlyweds _____

Guest Name _____

Contact Info _____

Inspiration For The Newlyweds _____

Guest Name _____

Contact Info _____

Inspiration For The Newlyweds _____

Guest Name _____ Inspiration For The Newlyweds _____

Contact Info _____

Guest Name _____ Inspiration For The Newlyweds _____

Contact Info _____

Guest Name _____ Inspiration For The Newlyweds _____

Contact Info _____

Guest Name _____

_____
_____
_____

Contact Info _____

_____
_____
_____

Inspiration For The Newlyweds _____

_____
_____
_____
_____
_____
_____
_____

Guest Name _____

_____
_____
_____

Contact Info _____

_____
_____
_____

Inspiration For The Newlyweds _____

_____
_____
_____
_____
_____
_____
_____

Guest Name _____

_____
_____
_____

Contact Info _____

_____
_____
_____

Inspiration For The Newlyweds _____

_____
_____
_____
_____
_____
_____
_____

Guest Name _____   *Inspiration For The Newlyweds* _____

Contact Info _____

Guest Name _____   *Inspiration For The Newlyweds* _____

Contact Info _____

Guest Name _____   *Inspiration For The Newlyweds* _____

Contact Info _____

Guest Name _____

Contact Info _____

Inspiration For The Newlyweds _____

Guest Name _____

Contact Info _____

Inspiration For The Newlyweds _____

Guest Name _____

Contact Info _____

Inspiration For The Newlyweds _____

Guest Name _____   Inspiration For The Newlyweds _____
_____   _____
_____   _____

Contact Info _____   _____
_____   _____
_____   _____

Guest Name _____   Inspiration For The Newlyweds _____
_____   _____
_____   _____

Contact Info _____   _____
_____   _____
_____   _____

Guest Name _____   Inspiration For The Newlyweds _____
_____   _____
_____   _____

Contact Info _____   _____
_____   _____
_____   _____

Guest Name _____   Inspiration For The Newlyweds _____
_____   _____
_____   _____
_____   _____
Contact Info _____   _____
_____   _____
_____   _____
_____   _____

Guest Name _____   Inspiration For The Newlyweds _____
_____   _____
_____   _____
_____   _____
Contact Info _____   _____
_____   _____
_____   _____
_____   _____

Guest Name _____   Inspiration For The Newlyweds _____
_____   _____
_____   _____
_____   _____
Contact Info _____   _____
_____   _____
_____   _____

Guest Name _____   Inspiration For The Newlyweds _____
_____   _____
_____   _____

Contact Info _____   _____
_____   _____
_____   _____

Guest Name _____   Inspiration For The Newlyweds _____
_____   _____
_____   _____

Contact Info _____   _____
_____   _____
_____   _____

Guest Name _____   Inspiration For The Newlyweds _____
_____   _____
_____   _____

Contact Info _____   _____
_____   _____
_____   _____

Guest Name _____

Contact Info _____

Inspiration For The Newlyweds _____

Guest Name _____

Contact Info _____

Inspiration For The Newlyweds _____

Guest Name _____

Contact Info _____

Inspiration For The Newlyweds _____

Guest Name _____ Inspiration For The Newlyweds _____

Contact Info _____

Guest Name _____ Inspiration For The Newlyweds _____

Contact Info _____

Guest Name _____ Inspiration For The Newlyweds _____

Contact Info _____

Guest Name _____

_____

_____

Contact Info _____

_____

_____

Inspiration For The Newlyweds _____

_____

_____

_____

_____

_____

Guest Name _____

_____

_____

Contact Info _____

_____

_____

Inspiration For The Newlyweds _____

_____

_____

_____

_____

_____

Guest Name _____

_____

_____

Contact Info _____

_____

_____

Inspiration For The Newlyweds _____

_____

_____

_____

_____

_____

Guest Name _____   Inspiration For The Newlyweds _____
_____   _____
_____   _____
_____   _____
Contact Info _____   _____
_____   _____
_____   _____

Guest Name _____   Inspiration For The Newlyweds _____
_____   _____
_____   _____
_____   _____
Contact Info _____   _____
_____   _____
_____   _____

Guest Name _____   Inspiration For The Newlyweds _____
_____   _____
_____   _____
_____   _____
Contact Info _____   _____
_____   _____
_____   _____

Guest Name _____

_____
_____

Contact Info _____

_____
_____
_____

Inspiration For The Newlyweds _____

_____
_____
_____
_____
_____
_____

Guest Name _____

_____
_____

Contact Info _____

_____
_____
_____

Inspiration For The Newlyweds _____

_____
_____
_____
_____
_____
_____

Guest Name _____

_____
_____

Contact Info _____

_____
_____
_____

Inspiration For The Newlyweds _____

_____
_____
_____
_____
_____
_____

Guest Name _____   Inspiration For The Newlyweds _____

Contact Info _____

Guest Name _____   Inspiration For The Newlyweds _____

Contact Info _____

Guest Name _____   Inspiration For The Newlyweds _____

Contact Info _____

Guest Name _____

_____

_____

Contact Info _____

_____

_____

Inspiration For The Newlyweds _____

_____

_____

_____

_____

_____

Guest Name _____

_____

_____

Contact Info _____

_____

_____

Inspiration For The Newlyweds _____

_____

_____

_____

_____

_____

Guest Name _____

_____

_____

Contact Info _____

_____

_____

Inspiration For The Newlyweds _____

_____

_____

_____

_____

_____

Guest Name _____

_____
_____

Contact Info _____

_____
_____

Inspiration For The Newlyweds _____

_____
_____
_____
_____
_____
_____

Guest Name _____

_____
_____

Contact Info _____

_____
_____

Inspiration For The Newlyweds _____

_____
_____
_____
_____
_____
_____

Guest Name _____

_____
_____

Contact Info _____

_____
_____

Inspiration For The Newlyweds _____

_____
_____
_____
_____
_____
_____

Guest Name _____

_____
_____

Contact Info _____

_____
_____
_____

Guest Name _____

_____
_____

Contact Info _____

_____
_____
_____

Guest Name _____

_____
_____

Contact Info _____

_____
_____
_____

Inspiration For The Newlyweds _____

_____
_____
_____
_____
_____
_____

Inspiration For The Newlyweds _____

_____
_____
_____
_____
_____
_____

Inspiration For The Newlyweds _____

_____
_____
_____
_____
_____
_____

Guest Name _____   Inspiration For The Newlyweds _____
_____   _____
_____   _____
                                           _____
Contact Info _____   _____
_____   _____
_____   _____

Guest Name _____   Inspiration For The Newlyweds _____
_____   _____
_____   _____
                                           _____
Contact Info _____   _____
_____   _____
_____   _____

Guest Name _____   Inspiration For The Newlyweds _____
_____   _____
_____   _____
                                           _____
Contact Info _____   _____
_____   _____
_____   _____

Guest Name _____   *Inspiration For The Newlyweds* _____

Contact Info _____

Guest Name _____   *Inspiration For The Newlyweds* _____

Contact Info _____

Guest Name _____   *Inspiration For The Newlyweds* _____

Contact Info _____

Guest Name _____ Inspiration For The Newlyweds _____

Contact Info _____

Guest Name _____ Inspiration For The Newlyweds _____

Contact Info _____

Guest Name _____ Inspiration For The Newlyweds _____

Contact Info _____

Guest Name _____

Contact Info _____

Inspiration For The Newlyweds _____

Guest Name _____

Contact Info _____

Inspiration For The Newlyweds _____

Guest Name _____

Contact Info _____

Inspiration For The Newlyweds _____

Guest Name _____ Inspiration For The Newlyweds _____

Contact Info _____

Guest Name _____ Inspiration For The Newlyweds _____

Contact Info _____

Guest Name _____ Inspiration For The Newlyweds _____

Contact Info _____

Guest Name _____

Contact Info _____

Inspiration For The Newlyweds _____

Guest Name _____

Contact Info _____

Inspiration For The Newlyweds _____

Guest Name _____

Contact Info _____

Inspiration For The Newlyweds _____

Guest Name _____

Contact Info _____

Inspiration For The Newlyweds _____

Guest Name _____

Contact Info _____

Inspiration For The Newlyweds _____

Guest Name _____

Contact Info _____

Inspiration For The Newlyweds _____

Guest Name _____
_____
_____
_____

Contact Info _____
_____
_____
_____

Inspiration For The Newlyweds _____
_____
_____
_____
_____
_____
_____
_____

Guest Name _____
_____
_____
_____

Contact Info _____
_____
_____
_____

Inspiration For The Newlyweds _____
_____
_____
_____
_____
_____
_____
_____

Guest Name _____
_____
_____
_____

Contact Info _____
_____
_____
_____

Inspiration For The Newlyweds _____
_____
_____
_____
_____
_____
_____
_____

Guest Name _____

Contact Info _____

Inspiration For The Newlyweds _____

Guest Name _____

Contact Info _____

Inspiration For The Newlyweds _____

Guest Name _____

Contact Info _____

Inspiration For The Newlyweds _____

Guest Name _____

_____

_____

_____

Contact Info _____

_____

_____

_____

Inspiration For The Newlyweds _____

_____

_____

_____

_____

_____

_____

_____

Guest Name _____

_____

_____

_____

Contact Info _____

_____

_____

_____

Inspiration For The Newlyweds _____

_____

_____

_____

_____

_____

_____

_____

Guest Name _____

_____

_____

_____

Contact Info _____

_____

_____

_____

Inspiration For The Newlyweds _____

_____

_____

_____

_____

_____

_____

_____

Guest Name _____ Inspiration For The Newlyweds _____

Contact Info _____

Guest Name _____ Inspiration For The Newlyweds _____

Contact Info _____

Guest Name _____ Inspiration For The Newlyweds _____

Contact Info _____

Guest Name _____

Contact Info _____

Inspiration For The Newlyweds _____

Guest Name _____

Contact Info _____

Inspiration For The Newlyweds _____

Guest Name _____

Contact Info _____

Inspiration For The Newlyweds _____

Guest Name _____   Inspiration For The Newlyweds _____
_____   _____
_____   _____
_____   _____
Contact Info _____   _____
_____   _____
_____   _____

Guest Name _____   Inspiration For The Newlyweds _____
_____   _____
_____   _____
_____   _____
Contact Info _____   _____
_____   _____
_____   _____

Guest Name _____   Inspiration For The Newlyweds _____
_____   _____
_____   _____
_____   _____
Contact Info _____   _____
_____   _____
_____   _____

Guest Name _____   Inspiration For The Newlyweds _____
_____   _____
_____   _____
_____   _____
Contact Info _____   _____
_____   _____
_____   _____

Guest Name _____   Inspiration For The Newlyweds _____
_____   _____
_____   _____
_____   _____
Contact Info _____   _____
_____   _____
_____   _____

Guest Name _____   Inspiration For The Newlyweds _____
_____   _____
_____   _____
_____   _____
Contact Info _____   _____
_____   _____
_____   _____

Guest Name _____ *Inspiration For The Newlyweds* _____

Contact Info _____

Guest Name _____ *Inspiration For The Newlyweds* _____

Contact Info _____

Guest Name _____ *Inspiration For The Newlyweds* _____

Contact Info _____

Guest Name _____   Inspiration For The Newlyweds _____
_____   _____
_____   _____
_____   _____
Contact Info _____   _____
_____   _____
_____   _____

Guest Name _____   Inspiration For The Newlyweds _____
_____   _____
_____   _____
_____   _____
Contact Info _____   _____
_____   _____
_____   _____

Guest Name _____   Inspiration For The Newlyweds _____
_____   _____
_____   _____
_____   _____
Contact Info _____   _____
_____   _____
_____   _____

Guest Name _____   Inspiration For The Newlyweds _____

Contact Info _____

Guest Name _____   Inspiration For The Newlyweds _____

Contact Info _____

Guest Name _____   Inspiration For The Newlyweds _____

Contact Info _____

Guest Name _____ Inspiration For The Newlyweds _____
_____ _____
_____ _____

Contact Info _____ _____
_____ _____
_____ _____

Guest Name _____ Inspiration For The Newlyweds _____
_____ _____
_____ _____

Contact Info _____ _____
_____ _____
_____ _____

Guest Name _____ Inspiration For The Newlyweds _____
_____ _____
_____ _____

Contact Info _____ _____
_____ _____
_____ _____

Guest Name _____ Inspiration For The Newlyweds _____

Contact Info _____

Guest Name _____ Inspiration For The Newlyweds _____

Contact Info _____

Guest Name _____ Inspiration For The Newlyweds _____

Contact Info _____

Guest Name _____

_____
_____
_____

Contact Info _____

_____
_____
_____

Inspiration For The Newlyweds _____

_____
_____
_____
_____
_____
_____
_____

Guest Name _____

_____
_____
_____

Contact Info _____

_____
_____
_____

Inspiration For The Newlyweds _____

_____
_____
_____
_____
_____
_____
_____

Guest Name _____

_____
_____
_____

Contact Info _____

_____
_____
_____

Inspiration For The Newlyweds _____

_____
_____
_____
_____
_____
_____
_____

Guest Name _____

_____
_____
_____

Contact Info _____

_____
_____
_____

Inspiration For The Newlyweds _____

_____
_____
_____
_____
_____
_____

Guest Name _____

_____
_____
_____

Contact Info _____

_____
_____
_____

Inspiration For The Newlyweds _____

_____
_____
_____
_____
_____
_____

Guest Name _____

_____
_____
_____

Contact Info _____

_____
_____
_____

Inspiration For The Newlyweds _____

_____
_____
_____
_____
_____
_____

Guest Name _____ Inspiration For The Newlyweds _____

Contact Info _____

Guest Name _____ Inspiration For The Newlyweds _____

Contact Info _____

Guest Name _____ Inspiration For The Newlyweds _____

Contact Info _____

Guest Name _____   Inspiration For The Newlyweds _____

Contact Info _____

Guest Name _____   Inspiration For The Newlyweds _____

Contact Info _____

Guest Name _____   Inspiration For The Newlyweds _____

Contact Info _____

Guest Name _____　　Inspiration For The Newlyweds _____
_____　　_____
_____　　_____
_____　　_____
Contact Info _____　　_____
_____　　_____
_____　　_____
_____　　_____

Guest Name _____　　Inspiration For The Newlyweds _____
_____　　_____
_____　　_____
_____　　_____
Contact Info _____　　_____
_____　　_____
_____　　_____
_____　　_____

Guest Name _____　　Inspiration For The Newlyweds _____
_____　　_____
_____　　_____
_____　　_____
Contact Info _____　　_____
_____　　_____
_____　　_____
_____　　_____

Guest Name _____ Inspiration For The Newlyweds _____

Contact Info _____

Guest Name _____ Inspiration For The Newlyweds _____

Contact Info _____

Guest Name _____ Inspiration For The Newlyweds _____

Contact Info _____

Guest Name _____   *Inspiration For The Newlyweds* _____
_____   _____
_____   _____
_____   _____

Contact Info _____   _____
_____   _____
_____   _____
_____   _____

Guest Name _____   *Inspiration For The Newlyweds* _____
_____   _____
_____   _____
_____   _____

Contact Info _____   _____
_____   _____
_____   _____
_____   _____

Guest Name _____   *Inspiration For The Newlyweds* _____
_____   _____
_____   _____
_____   _____

Contact Info _____   _____
_____   _____
_____   _____
_____   _____

Guest Name _____   Inspiration For The Newlyweds _____
_____   _____
_____   _____
_____   _____
Contact Info _____   _____
_____   _____
_____   _____

Guest Name _____   Inspiration For The Newlyweds _____
_____   _____
_____   _____
_____   _____
Contact Info _____   _____
_____   _____
_____   _____

Guest Name _____   Inspiration For The Newlyweds _____
_____   _____
_____   _____
_____   _____
Contact Info _____   _____
_____   _____
_____   _____

Guest Name _____   Inspiration For The Newlyweds _____
_____   _____
_____   _____
_____   _____
Contact Info _____   _____
_____   _____
_____   _____

Guest Name _____   Inspiration For The Newlyweds _____
_____   _____
_____   _____
_____   _____
Contact Info _____   _____
_____   _____
_____   _____

Guest Name _____   Inspiration For The Newlyweds _____
_____   _____
_____   _____
_____   _____
Contact Info _____   _____
_____   _____
_____   _____

Guest Name _____ Inspiration For The Newlyweds _____

Contact Info _____

Guest Name _____ Inspiration For The Newlyweds _____

Contact Info _____

Guest Name _____ Inspiration For The Newlyweds _____

Contact Info _____

Guest Name _____ Inspiration For The Newlyweds _____
_____ _____
_____ _____

Contact Info _____ _____
_____ _____
_____ _____

Guest Name _____ Inspiration For The Newlyweds _____
_____ _____
_____ _____

Contact Info _____ _____
_____ _____
_____ _____

Guest Name _____ Inspiration For The Newlyweds _____
_____ _____
_____ _____

Contact Info _____ _____
_____ _____
_____ _____

Guest Name _____

Inspiration For The Newlyweds _____

_____

_____

_____

Contact Info _____

_____

_____

_____

_____

_____

Guest Name _____

Inspiration For The Newlyweds _____

_____

_____

_____

Contact Info _____

_____

_____

_____

_____

_____

Guest Name _____

Inspiration For The Newlyweds _____

_____

_____

_____

Contact Info _____

_____

_____

_____

_____

_____

Guest Name _____   Inspiration For The Newlyweds _____

Contact Info _____

Guest Name _____   Inspiration For The Newlyweds _____

Contact Info _____

Guest Name _____   Inspiration For The Newlyweds _____

Contact Info _____

Guest Name _____ Inspiration For The Newlyweds _____
_____ _____
_____ _____
_____ _____
Contact Info _____ _____
_____ _____
_____ _____

Guest Name _____ Inspiration For The Newlyweds _____
_____ _____
_____ _____
_____ _____
Contact Info _____ _____
_____ _____
_____ _____

Guest Name _____ Inspiration For The Newlyweds _____
_____ _____
_____ _____
_____ _____
Contact Info _____ _____
_____ _____
_____ _____

Guest Name _____   Inspiration For The Newlyweds _____
_____   _____
_____   _____
_____   _____

Contact Info _____   _____
_____   _____
_____   _____
_____   _____

Guest Name _____   Inspiration For The Newlyweds _____
_____   _____
_____   _____
_____   _____

Contact Info _____   _____
_____   _____
_____   _____
_____   _____

Guest Name _____   Inspiration For The Newlyweds _____
_____   _____
_____   _____
_____   _____

Contact Info _____   _____
_____   _____
_____   _____

Guest Name _____ Inspiration For The Newlyweds _____
_____ _____
_____ _____
_____ _____
Contact Info _____ _____
_____ _____
_____ _____

Guest Name _____ Inspiration For The Newlyweds _____
_____ _____
_____ _____
_____ _____
Contact Info _____ _____
_____ _____
_____ _____

Guest Name _____ Inspiration For The Newlyweds _____
_____ _____
_____ _____
_____ _____
Contact Info _____ _____
_____ _____
_____ _____

Guest Name _____

_____

_____

Contact Info _____

_____

_____

Inspiration For The Newlyweds _____

_____

_____

_____

_____

_____

Guest Name _____

_____

_____

Contact Info _____

_____

_____

Inspiration For The Newlyweds _____

_____

_____

_____

_____

_____

Guest Name _____

_____

_____

Contact Info _____

_____

_____

Inspiration For The Newlyweds _____

_____

_____

_____

_____

_____

Guest Name _____ Inspiration For The Newlyweds _____

Contact Info _____

Guest Name _____ Inspiration For The Newlyweds _____

Contact Info _____

Guest Name _____ Inspiration For The Newlyweds _____

Contact Info _____

Guest Name _____   Inspiration For The Newlyweds _____
_____   _____
_____   _____
Contact Info _____   _____
_____   _____
_____   _____

Guest Name _____   Inspiration For The Newlyweds _____
_____   _____
_____   _____
Contact Info _____   _____
_____   _____
_____   _____

Guest Name _____   Inspiration For The Newlyweds _____
_____   _____
_____   _____
Contact Info _____   _____
_____   _____
_____   _____

Guest Name _____ Inspiration For The Newlyweds _____

Contact Info _____

Guest Name _____ Inspiration For The Newlyweds _____

Contact Info _____

Guest Name _____ Inspiration For The Newlyweds _____

Contact Info _____

Guest Name _____   Inspiration For The Newlyweds _____
_____   _____
_____   _____
_____   _____
Contact Info _____   _____
_____   _____
_____   _____

Guest Name _____   Inspiration For The Newlyweds _____
_____   _____
_____   _____
_____   _____
Contact Info _____   _____
_____   _____
_____   _____

Guest Name _____   Inspiration For The Newlyweds _____
_____   _____
_____   _____
_____   _____
Contact Info _____   _____
_____   _____
_____   _____

Guest Name _____ Inspiration For The Newlyweds _____

Contact Info _____

Guest Name _____ Inspiration For The Newlyweds _____

Contact Info _____

Guest Name _____ Inspiration For The Newlyweds _____

Contact Info _____

Guest Name _____ *Inspiration For The Newlyweds* _____
_____ _____
_____ _____
Contact Info _____ _____
_____ _____
_____ _____

Guest Name _____ *Inspiration For The Newlyweds* _____
_____ _____
_____ _____
Contact Info _____ _____
_____ _____
_____ _____

Guest Name _____ *Inspiration For The Newlyweds* _____
_____ _____
_____ _____
Contact Info _____ _____
_____ _____
_____ _____

Guest Name _____ Inspiration For The Newlyweds _____

Contact Info _____

Guest Name _____ Inspiration For The Newlyweds _____

Contact Info _____

Guest Name _____ Inspiration For The Newlyweds _____

Contact Info _____

Guest Name _____

_____
_____

Contact Info _____

_____
_____

Inspiration For The Newlyweds _____

_____
_____
_____
_____
_____

Guest Name _____

_____
_____

Contact Info _____

_____
_____

Inspiration For The Newlyweds _____

_____
_____
_____
_____
_____

Guest Name _____

_____
_____

Contact Info _____

_____
_____

Inspiration For The Newlyweds _____

_____
_____
_____
_____
_____

Guest Name _____   Inspiration For The Newlyweds _____

Contact Info _____

Guest Name _____   Inspiration For The Newlyweds _____

Contact Info _____

Guest Name _____   Inspiration For The Newlyweds _____

Contact Info _____

Guest Name _____

_____
_____

Contact Info _____

_____
_____
_____

Inspiration For The Newlyweds _____

_____
_____
_____
_____
_____
_____

Guest Name _____

_____
_____

Contact Info _____

_____
_____
_____

Inspiration For The Newlyweds _____

_____
_____
_____
_____
_____
_____

Guest Name _____

_____
_____

Contact Info _____

_____
_____
_____

Inspiration For The Newlyweds _____

_____
_____
_____
_____
_____
_____

Guest Name _____ Inspiration For The Newlyweds _____

Contact Info _____

Guest Name _____ Inspiration For The Newlyweds _____

Contact Info _____

Guest Name _____ Inspiration For The Newlyweds _____

Contact Info _____

Guest Name _____ *Inspiration For The Newlyweds* _____
_____ _____
_____ _____

Contact Info _____ _____
_____ _____
_____ _____

Guest Name _____ *Inspiration For The Newlyweds* _____
_____ _____
_____ _____

Contact Info _____ _____
_____ _____
_____ _____

Guest Name _____ *Inspiration For The Newlyweds* _____
_____ _____
_____ _____

Contact Info _____ _____
_____ _____
_____ _____

Guest Name _____ Inspiration For The Newlyweds _____
_____ _____
_____ _____

Contact Info _____ _____
_____ _____
_____ _____

Guest Name _____ Inspiration For The Newlyweds _____
_____ _____
_____ _____

Contact Info _____ _____
_____ _____
_____ _____

Guest Name _____ Inspiration For The Newlyweds _____
_____ _____
_____ _____

Contact Info _____ _____
_____ _____
_____ _____

Guest Name _____

_____

_____

Contact Info _____

_____

_____

Inspiration For The Newlyweds _____

_____

_____

_____

_____

_____

Guest Name _____

_____

_____

Contact Info _____

_____

_____

Inspiration For The Newlyweds _____

_____

_____

_____

_____

_____

Guest Name _____

_____

_____

Contact Info _____

_____

_____

Inspiration For The Newlyweds _____

_____

_____

_____

_____

_____

Guest Name _____   Inspiration For The Newlyweds _____

Contact Info _____

Guest Name _____   Inspiration For The Newlyweds _____

Contact Info _____

Guest Name _____   Inspiration For The Newlyweds _____

Contact Info _____

Guest Name _____ Inspiration For The Newlyweds _____
_____ _____
_____ _____

Contact Info _____
_____ _____
_____ _____
_____ _____

Guest Name _____ Inspiration For The Newlyweds _____
_____ _____
_____ _____

Contact Info _____ _____
_____ _____
_____ _____

Guest Name _____ Inspiration For The Newlyweds _____
_____ _____
_____ _____

Contact Info _____ _____
_____ _____
_____ _____

Guest Name _____ Inspiration For The Newlyweds _____

Contact Info _____

Guest Name _____ Inspiration For The Newlyweds _____

Contact Info _____

Guest Name _____ Inspiration For The Newlyweds _____

Contact Info _____

Guest Name _____ *Inspiration For The Newlyweds* _____

_____ _____

_____ _____

Contact Info _____ _____

_____ _____

_____ _____

Guest Name _____ *Inspiration For The Newlyweds* _____

_____ _____

_____ _____

Contact Info _____ _____

_____ _____

_____ _____

Guest Name _____ *Inspiration For The Newlyweds* _____

_____ _____

_____ _____

Contact Info _____ _____

_____ _____

_____ _____

Guest Name _____ Inspiration For The Newlyweds _____
_____ _____
_____ _____
Contact Info _____ _____
_____ _____
_____ _____

Guest Name _____ Inspiration For The Newlyweds _____
_____ _____
_____ _____
Contact Info _____ _____
_____ _____
_____ _____

Guest Name _____ Inspiration For The Newlyweds _____
_____ _____
_____ _____
Contact Info _____ _____
_____ _____
_____ _____

Guest Name _____ Inspiration For The Newlyweds _____
_____ _____
_____ _____

Contact Info _____ _____
_____ _____
_____ _____

Guest Name _____ Inspiration For The Newlyweds _____
_____ _____
_____ _____

Contact Info _____ _____
_____ _____
_____ _____

Guest Name _____ Inspiration For The Newlyweds _____
_____ _____
_____ _____

Contact Info _____ _____
_____ _____
_____ _____

Guest Name _____   Inspiration For The Newlyweds _____
_____   _____
_____   _____

Contact Info _____   _____
_____   _____
_____   _____

Guest Name _____   Inspiration For The Newlyweds _____
_____   _____
_____   _____

Contact Info _____   _____
_____   _____
_____   _____

Guest Name _____   Inspiration For The Newlyweds _____
_____   _____
_____   _____

Contact Info _____   _____
_____   _____
_____   _____

Guest Name _____

Contact Info _____

Inspiration For The Newlyweds _____

Guest Name _____

Contact Info _____

Inspiration For The Newlyweds _____

Guest Name _____

Contact Info _____

Inspiration For The Newlyweds _____

Guest Name _____ Inspiration For The Newlyweds _____

Contact Info _____

Guest Name _____ Inspiration For The Newlyweds _____

Contact Info _____

Guest Name _____ Inspiration For The Newlyweds _____

Contact Info _____

Guest Name _____ Inspiration For The Newlyweds _____

Contact Info _____

Guest Name _____ Inspiration For The Newlyweds _____

Contact Info _____

Guest Name _____ Inspiration For The Newlyweds _____

Contact Info _____

Guest Name _____   Inspiration For The Newlyweds _____
_____   _____
_____   _____
_____   _____
Contact Info _____   _____
_____   _____
_____   _____

Guest Name _____   Inspiration For The Newlyweds _____
_____   _____
_____   _____
_____   _____
Contact Info _____   _____
_____   _____
_____   _____

Guest Name _____   Inspiration For The Newlyweds _____
_____   _____
_____   _____
_____   _____
Contact Info _____   _____
_____   _____
_____   _____

Guest Name _____   Inspiration For The Newlyweds _____
_____   _____
_____   _____

Contact Info _____   _____
_____   _____
_____   _____

Guest Name _____   Inspiration For The Newlyweds _____
_____   _____
_____   _____

Contact Info _____   _____
_____   _____
_____   _____

Guest Name _____   Inspiration For The Newlyweds _____
_____   _____
_____   _____

Contact Info _____   _____
_____   _____
_____   _____

Guest Name _____   Inspiration For The Newlyweds _____

Contact Info _____

Guest Name _____   Inspiration For The Newlyweds _____

Contact Info _____

Guest Name _____   Inspiration For The Newlyweds _____

Contact Info _____

Guest Name _____   Inspiration For The Newlyweds _____
_____   _____
_____   _____
Contact Info _____   _____
_____   _____
_____   _____

Guest Name _____   Inspiration For The Newlyweds _____
_____   _____
_____   _____
Contact Info _____   _____
_____   _____
_____   _____

Guest Name _____   Inspiration For The Newlyweds _____
_____   _____
_____   _____
Contact Info _____   _____
_____   _____
_____   _____

Guest Name _____   Inspiration For The Newlyweds _____
_____   _____
_____   _____
_____   _____
Contact Info _____   _____
_____   _____
_____   _____

Guest Name _____   Inspiration For The Newlyweds _____
_____   _____
_____   _____
_____   _____
Contact Info _____   _____
_____   _____
_____   _____

Guest Name _____   Inspiration For The Newlyweds _____
_____   _____
_____   _____
_____   _____
Contact Info _____   _____
_____   _____
_____   _____

Guest Name _____ Inspiration For The Newlyweds _____
_____ _____
_____ _____

Contact Info _____ _____
_____ _____
_____ _____

Guest Name _____ Inspiration For The Newlyweds _____
_____ _____
_____ _____

Contact Info _____ _____
_____ _____
_____ _____

Guest Name _____ Inspiration For The Newlyweds _____
_____ _____
_____ _____

Contact Info _____ _____
_____ _____
_____ _____

Guest Name _____　　Inspiration For The Newlyweds _____
_____　　_____
_____　　_____

Contact Info _____　　_____
_____　　_____
_____　　_____

Guest Name _____　　Inspiration For The Newlyweds _____
_____　　_____
_____　　_____

Contact Info _____　　_____
_____　　_____
_____　　_____

Guest Name _____　　Inspiration For The Newlyweds _____
_____　　_____
_____　　_____

Contact Info _____　　_____
_____　　_____
_____　　_____

Guest Name _____
_____
_____

Contact Info _____
_____
_____

Inspiration For The Newlyweds _____
_____
_____
_____
_____
_____

Guest Name _____
_____
_____

Contact Info _____
_____
_____

Inspiration For The Newlyweds _____
_____
_____
_____
_____
_____

Guest Name _____
_____
_____

Contact Info _____
_____
_____

Inspiration For The Newlyweds _____
_____
_____
_____
_____
_____

Guest Name _____ Inspiration For The Newlyweds _____

Contact Info _____

Guest Name _____ Inspiration For The Newlyweds _____

Contact Info _____

Guest Name _____ Inspiration For The Newlyweds _____

Contact Info _____

Guest Name _____ *Inspiration For The Newlyweds* _____

_____ _____

_____ _____

Contact Info _____ _____

_____ _____

_____ _____

Guest Name _____ *Inspiration For The Newlyweds* _____

_____ _____

_____ _____

Contact Info _____ _____

_____ _____

_____ _____

Guest Name _____ *Inspiration For The Newlyweds* _____

_____ _____

_____ _____

Contact Info _____ _____

_____ _____

_____ _____

Guest Name _____ Inspiration For The Newlyweds _____

Contact Info _____

Guest Name _____ Inspiration For The Newlyweds _____

Contact Info _____

Guest Name _____ Inspiration For The Newlyweds _____

Contact Info _____

Guest Name _____ *Inspiration For The Newlyweds* _____
_____ _____
_____ _____
_____ _____

Contact Info _____ _____
_____ _____
_____ _____
_____ _____

Guest Name _____ *Inspiration For The Newlyweds* _____
_____ _____
_____ _____
_____ _____

Contact Info _____ _____
_____ _____
_____ _____
_____ _____

Guest Name _____ *Inspiration For The Newlyweds* _____
_____ _____
_____ _____
_____ _____

Contact Info _____ _____
_____ _____
_____ _____
_____ _____

Guest Name _____   *Inspiration For The Newlyweds* _____

Contact Info _____

Guest Name _____   *Inspiration For The Newlyweds* _____

Contact Info _____

Guest Name _____   *Inspiration For The Newlyweds* _____

Contact Info _____

Guest Name _____

_____
_____
_____

Contact Info _____

_____
_____
_____

Inspiration For The Newlyweds _____

_____
_____
_____
_____
_____
_____

Guest Name _____

_____
_____
_____

Contact Info _____

_____
_____
_____

Inspiration For The Newlyweds _____

_____
_____
_____
_____
_____
_____

Guest Name _____

_____
_____
_____

Contact Info _____

_____
_____
_____

Inspiration For The Newlyweds _____

_____
_____
_____
_____
_____
_____

Guest Name _____ *Inspiration For The Newlyweds* _____

_____ _____
_____ _____

Contact Info _____

_____ _____
_____ _____

Guest Name _____ *Inspiration For The Newlyweds* _____

_____ _____
_____ _____

Contact Info _____

_____ _____
_____ _____

Guest Name _____ *Inspiration For The Newlyweds* _____

_____ _____
_____ _____

Contact Info _____

_____ _____
_____ _____

Guest Name _____

_____

_____

Contact Info _____

_____

_____

Inspiration For The Newlyweds _____

_____

_____

_____

_____

_____

Guest Name _____

_____

_____

Contact Info _____

_____

_____

Inspiration For The Newlyweds _____

_____

_____

_____

_____

_____

Guest Name _____

_____

_____

Contact Info _____

_____

_____

Inspiration For The Newlyweds _____

_____

_____

_____

_____

_____

Guest Name _____ Inspiration For The Newlyweds _____
_____ _____
_____ _____
_____ _____
Contact Info _____ _____
_____ _____
_____ _____

Guest Name _____ Inspiration For The Newlyweds _____
_____ _____
_____ _____
_____ _____
Contact Info _____ _____
_____ _____
_____ _____

Guest Name _____ Inspiration For The Newlyweds _____
_____ _____
_____ _____
_____ _____
Contact Info _____ _____
_____ _____
_____ _____

Guest Name _____   *Inspiration For The Newlyweds* _____
_____   _____
_____   _____
Contact Info _____   _____
_____   _____
_____   _____

Guest Name _____   *Inspiration For The Newlyweds* _____
_____   _____
_____   _____
Contact Info _____   _____
_____   _____
_____   _____

Guest Name _____   *Inspiration For The Newlyweds* _____
_____   _____
_____   _____
Contact Info _____   _____
_____   _____
_____   _____

Guest Name _____ Inspiration For The Newlyweds _____

Contact Info _____

Guest Name _____ Inspiration For The Newlyweds _____

Contact Info _____

Guest Name _____ Inspiration For The Newlyweds _____

Contact Info _____

Guest Name _____   *Inspiration For The Newlyweds* _____

Contact Info _____

Guest Name _____   *Inspiration For The Newlyweds* _____

Contact Info _____

Guest Name _____   *Inspiration For The Newlyweds* _____

Contact Info _____

Guest Name _____   Inspiration For The Newlyweds _____

Contact Info _____

Guest Name _____   Inspiration For The Newlyweds _____

Contact Info _____

Guest Name _____   Inspiration For The Newlyweds _____

Contact Info _____

Guest Name _____   Inspiration For The Newlyweds _____
_____   _____
_____   _____
_____   _____

Contact Info _____   _____
_____   _____
_____   _____
_____   _____

Guest Name _____   Inspiration For The Newlyweds _____
_____   _____
_____   _____
_____   _____

Contact Info _____   _____
_____   _____
_____   _____
_____   _____

Guest Name _____   Inspiration For The Newlyweds _____
_____   _____
_____   _____
_____   _____

Contact Info _____   _____
_____   _____
_____   _____
_____   _____

Guest Name _____

Contact Info _____

Inspiration For The Newlyweds _____

Guest Name _____

Contact Info _____

Inspiration For The Newlyweds _____

Guest Name _____

Contact Info _____

Inspiration For The Newlyweds _____

www.ingramcontent.com/pod-product-compliance
Lightning Source LLC
Chambersburg PA
CBHW080500240426
43673CB00006B/243